Discriminado Pela Religião

Discriminado Pela Religião

ALDIVAN TORRES

Canary Of Joy

CONTENTS

"Discriminado Pela Religião"

Aldivan Teixeira Torres

Discriminado pela Religião

Autor: Aldivan Teixeira Torres
©2018-Aldivan Teixeira Torres
Todos os direitos reservados

Aldivan Teixeira Torres é um escritor consolidado em vários gêneros. Até o momento tem títulos publicados em nove línguas. Desde cedo, sempre foi um amante da arte da escrita tendo consolidado uma carreira profissional a partir do segundo semestre de 2013. Espera com seus escritos contribuir para a cultura Pernambucana e Brasileira, despertando o prazer de ler naqueles que ainda não tenham o hábito. Sua missão é conquistar o coração de cada um dos seus leitores. Além da literatura, seus gostos principais são a música, as viagens, os amigos, a família e o próprio prazer de viver. "Pela literatura, igualdade, fraternidade, justiça, dignidade e honra do ser humano sempre" é o seu lema.

"Discriminado pela religião"

Nova situação
Em Ruspe
Final
Fim da Primeira missão
Conclusão

Cartago- atual Tunísia-ano 465

Nasce uma estrela de luz no belo amanhecer de Cartago, atual Tunísia. A família Gordiano Fugencio acabava de receber seu primeiro filho naquela fatídica manhã de doze de janeiro de 465 D.C. e o batizou de Tales Cléber Gordiano Fulgêncio por indicação do Pai Aristides que era senador do império Romano. A mãe chamada Maria era também ilustre, pertencente a uma tradicional família da região.

Tudo levava a crer que aquela criança teria uma vida maravilhosa por nascer numa família abastada, aculturada e influente naquela época ainda cheia de incertezas e perseguições étnicas, culturais e religiosas. Pelo menos era o que se esperava. No entanto, tudo podia acontecer e o destino tecia fios invisíveis para aquela pequena vida.

Logo após o nascimento, contrataram para o menino uma ama de leite, uma espécie de babá que atenderia todas as necessidades do menino quando seus pais estivessem cumprindo seus longos e corriqueiros compromissos sociais. Ela se chamava Eva Ferrari e trabalharia na casa da família Fulgêncio durante seis dias por semana ganhando o salário mínimo local.

Além da babá, o menino ganhou todas as regalias que seu status social permitia: Um quarto específico totalmente equipado e muito amor e atenção dos que estavam em volta. Realmente Tales era um menino afortunado e especial.

Vamos em frente!

Infância

Tales teve uma infância normal recheada de brincadeiras, amigos, passeios, compromissos juntos aos pais, babá, educação e muita responsabilidade. Desde cedo, aprendeu os verdadeiros valores da vida inclusive o direcionamento religioso destacando-se entre os demais meninos de sua faixa etária. Era um amor de menino.

Ao completar doze anos, ganhou mais liberdade em todos os sentidos passando a administrar os bens de família junto com o pai. Nesta época, os serviços da babá são dispensados e seis meses após, Aristides faleceu deixando a fortuna e a mulher (Mãe de Tales) nas mãos do jovem. Era necessária uma decisão do pequeno Tales.

Com garra e coragem, ele enfrentou as dificuldades e mostrou-se muito competente em suas atribuições. E como diz o ditado: "O ferro e o chicote é que fazem o homem". Nascia assim o homem "Tales", verdadeira fortaleza da família Fulgêncio.

O mosteiro

A partir dos dezoito anos, a gama de interesses sociais aumentou. Além das corriqueiras reuniões de negócios e de política, Tales intensificou seus estudos religiosos, de arte e de literatura o que o fez atingir altos cargos públicos. Foi nomeado procurador de sua terra natal e arrecadador de impostos. Como era esperado, desempenhou suas atribuições com competência.

Tales também costumava frequentar diversos espaços de convivência por ser popular. Dentre os locais preferidos, estava o mosteiro. O mosteiro de Cartago era uma congregação religiosa muito importante na região. O objetivo de Tales ao frequentar o estabelecimento era um maior esclarecimento dos mistérios do universo o qual sempre se questionava.

No mesmo, seu principal mestre era Gandarom, um líder laico que difundia todas as religiões. Num dos principais encontros debateu-se entre as duas questões interessantes concernentes aos principais assuntos da época e que podem dizer-se atuais mesmo nos tempos de hoje. Transcrevo abaixo as principais partes:

—Quem é Deus, Gandarom? (Tales)

—Ele é o Alpha e o ômega, o princípio e o fim, anterior a tudo o que existe. A partir do ponto zero criou e cria continuamente o universo infinito inalcançável aos nossos poderes- Explicou ele.

—Qual é a religião de Deus? (Tales)

—Javé Deus está presente em todas as religiões. Há quase cinco séculos atrás, entregou-nos um dos seus filhos para que servisse de exemplo de conduta e retidão. Javé quer que sejamos como ele. (Gandarom)

—Qual é o nome dele? (Tales)

—Jesus. (Gandarom)

—Sei. Meu pai contou sua história. É realmente incrível. (Tales)

—Sim. Ele carregou consigo nossas dores, nossas cruzes e ofereceu-se como expiação dos nossos pecados. Ele nos salvou-Explicou ele.

—Sei. Já li algo sobre. Eu só não entendo o que o moveu a esta atitude. Em minha opinião, as pessoas não mereciam nem merecem esta doação. (Tales)

—Verdade. Mas espere um pouco. (Gandarom)

Gandarom levantou-se, e caminhou alguns metros em direção à biblioteca. Tales ficou a esperar. Dentro de alguns instantes, ele voltou trazendo consigo um livro e entregou a seu discípulo. Retomou então o contato.

—Este é o livro mais importante do mundo. Feche os olhos e abra numa página aleatória. Ela responderá a seus anseios.

Tales fez conforme foi sugerido. Ao abrir novamente os olhos, deparou com a seguinte mensagem: "O oráculo do ímpio é o pecado que está no fundo de seu coração; não há temor de Deus diante de seus olhos. Ele se vê a si próprio com olho por demais enganador para detectar e detestar seu pecado. As palavras de sua boca são maldade e mentira; desistiu de proceder sabiamente e de fazer o bem. Ele premedita o crime, mesmo quando está em seu leito; persiste no caminho que não é bom e nunca rejeita o mal. Tua bondade, Senhor, chega até os céus e tua fidelidade atinge as nuvens. Tua justiça é como as montanhas de Deus, teus julgamentos como o grande abismo. Senhor, tu proteges os homens e os animais. Quão preciosa é, ó Deus, tua bondade! Por esta razão, os filhos dos homens se abrigam à sombra de tuas asas. Eles se saciam com a fartura de tua casa, tu os embriagas com um rio de delícias, pois em ti está o manancial da vida, e com tua luz nós vemos a luz. Conserva teu amor por aqueles que te conhecem e tua justiça por aqueles de coração reto. Que os pés do soberbo não me esmaguem e a mão dos ímpios não me leve a fugir. Eis que os malfeitores tombaram, lá estão, prostrados, e não mais poderão se erguer". (Salmo 36, Bíblia sagrada, edição no Brasil pela editora escala)

A sensação que Tales sentiu em seguida pode ser definida como indescritível. Estava ali a resposta para toda sua vida de buscas. Deus era tão superior que amava bons e maus igualitariamente e sem preconceitos.

Num ato premeditado, fecha a bíblia e diz ao mestre:

—Quero renunciar ao mundo e descobrir mais sobre este Deus desconhecido. A partir de agora, viverei uma vida de austeridade e solidão- Decidiu.

—Você já pensou em todas as consequências? (Gandarom)

—Eu não preciso pensar. Eu só preciso aprender sobre este algo inexplicável que aconteceu agora. Deseje-me sorte!

—Sim, é claro. Que encontre o que procura.

—Obrigado.

Dito isto, Tales retirou-se do mosteiro para iniciar uma nova vida. Concomitantemente, a luz que tinha no peito começa a desenvolver-se cada vez mais.

Novas atitudes

Após a saída do Mosteiro, Tales procurou dar continuidade às suas atividades. Continuou aperfeiçoando-se no trabalho e em casa cuidava da mãe já idosa. Ampliou seus estudos sobre religião, política e relacionamento descobrindo a cada dia informações novas. À medida que se aperfeiçoava, deixava um pouco de lado a vida social. As "Coisas de Deus" Tornavam-se mais importantes a cada dia.

E assim neste ritmo de descobrimento passaram-se quatro longos anos. Ao final deste tempo, chegou a uma conclusão: A sua atitude de desprendimento social e reclusão que se dedicara não era a resposta para achar o caminho. Apesar dos seus esforços não atingira o seu objetivo que era a austeridade, a simplicidade e o encontro com Deus. O que fazer agora? A única opção que vislumbrava era volta ao mosteiro e reencontrar com Gandarom, seu antigo mestre, pois necessitava de seus sábios conselhos e orientações. Ainda martelava em sua mente as mensagens do salmo 36 que o incentivara a busca: *"Tua bondade, Senhor, chega até os céus e tua fidelidade atinge as nuvens. Tua justiça é como as montanhas de Deus, teus julgamentos como o grande abismo. Senhor, tu proteges os homens e os animais. Quão preciosa é, ó Deus, tua bondade! Por esta razão, os filhos dos homens se abrigam à sombra de tuas asas".* Precisava encontrar o fio da meada e abrigar-se na força daquele Deus desconhecido que continuamente o chamava.

A volta ao mosteiro

Era uma manhã calmosa naquele doze de janeiro de 487, um dia após a decisão firme de Tales. Logo cedinho, o mesmo após realização de suas atividades matinais e despedir-se da mãe, saiu em direção à parte externa da casa. Em alguns instantes já se encontra fora.

Ao sair de casa, um chalé avarandado de madeira, encaminhou-se á estrebaria anexa que ficava do lado direito. Com alguns passos chega no local e começa a selar o seu querido companheiro Protomeu, seu companheiro de aventuras. Quando está pronto, monta, sai da estrebaria e ganha as ruas da grande Cartago, um centro econômico e político da época.

No caminho, ziguezagueando nas ruas, encontra diversos conhecidos e os cumprimenta com um aceno. Realmente não valia a pena privar-se das belezas do mundo e da companhia dos amigos como fizera. Tinha certeza que Deus não desejava isso.

Em meio à expectativa, nervosismo e ansiedade o mesmo cumpre o percurso em trinta minutos. Apeia, prende o animal à sombra de uma árvore e encaminha-se à porta de entrada do destino. Faltava pouco para mais uma grande etapa para sua inquieta vida.

Alguns instantes depois, ele finalmente chega. Está em frente àquela porta de onde saíra há quatro anos com uma decisão. Pelas voltas que a vida dá, o bom filho retorna à casa e no momento que batesse àquela porta podia reencontrar seu destino e o mestre em quem tanto pensava. Maktub! Que seja feita a vontade de Deus, pensa e bate à porta. Em questão de segundos, ela se abre e de dentro dela surge a figura enigmática do seu mestre vestindo uma roupa social branca, calçando sandálias de couro e aparentando estar muito bem. Com um sorriso no rosto ele o recebe e o convida a entrar. O antigo discípulo aceita e então os dois adentram no templo sagrado.

Encaminham-se a uma sala particular e ao chegar lá, acomodam-se nas cadeiras ao redor de uma mesa, único móvel do local. O mestre então encara o antigo discípulo de frente e não pode conter a curiosidade:

—E então, Tales? Encontrou Deus no seu recolhimento? Valeu a pena?

—Sim e não. Ao mesmo tempo em que tive tempo para refletir sobre os mistérios, eu me desapeguei um pouco da realidade do mundo. No final, acabei não me encontrando. O que faço? Pode me ajudar?

Gandarom franze a testa. Com sua experiência, esperava aquele resultado e só não se antecipara ao discípulo porque queria que ele mesmo o verificasse.

—Claro, Tales. Em mim tem um amigo fiel. Javé Deus tem um propósito em sua vida e acho que sou um dos seus instrumentos para fazê-lo enxergar isso. Olha, eu tenho uma proposta. Gostaria de ficar aqui comigo e aprender um pouco mais?

—Eu quero, mas e as regras? Sabes que não sou de linhagem real para ter o mérito de morar no mosteiro.

—Eu não me importo com regras, mas tem razão. Vou consultar meus companheiros.

Dito isto, o mestre fez um sinal e saiu por um instante. Enquanto isto, Tales aproveita e respira todo aquele ar de tranquilidade e paz do mosteiro, algo que não sentia há muito tempo devido ao seu longo afastamento. Era realmente incrível.

Dez minutos depois, Gandarom volta e devido a seu aspecto dava para prever o que tinha acontecido.

—Não me aceitaram, não foi? (Indagou o inquieto Tales).

—Exato. Estou decepcionado com meus irmãos e tomei uma decisão. (Gandarom)

—Qual? (Tales)

—Vou sair daqui. Vou para outro mosteiro aqui de Cartago, o do abade Félix. Se quiseres, podes vir comigo. (Gandarom)

—Está bem. Poderei visitar minha mãe de vez em quando? (Tales)

—Claro. Valorizamos a família. (Gandarom)

—Então está certo. Peço que me dê apenas uma semana para cuidar dos negócios e preparar a minha mãe para esta notícia. (Pediu Tales)

—Á vontade. Encontre-me neste endereço dentro de sete dias- finalizou entregando um pergaminho manuscrito.

Os dois despediram-se com apertos de mãos como dois cavalheiros devem fazer e finalmente separaram-se. Enquanto um vai fazer as malas o outro, como dito, vai cuidar dos últimos detalhes pendentes de sua vida.

Em frente sempre! Em busca do destino.

Uma semana depois

Passasse mais uma semana e Tales cumpre com o acordo resolvendo todas as suas pendências pessoais. Deixara a administração dos negócios e o cuidar de sua mãe a uma tia por parte do pai chamada Rebeca.Com a chegada da mesma, o mesmo se sentia desobrigado de suas antigas responsabilidades e podia voar em busca de novos rumos.

Após arrumar as malas e uma despedida rápida das duas, o mesmo encaminha-se á estrebaria anexa à sua residência. Em questão de instantes, já se encontra no local e imediatamente sela o seu cavalo Protomeu.Com tudo pronto, dá a partida, sai da estrebaria e ganha as ruas da conturbada Cartago.

Enfrentando o tráfego de outros animais, Tales demora um pouco até chegar ao destino final encerrado no pergaminho: O mosteiro cujo dirigente era o abade Félix. Este era o amigo que tanto seu mestre falara. Chegando, guarda o cavalo em uma sombra perto. Dele não se separaria.

Diante do imponente prédio, feito da mais especializada arquitetura da época com suas colunas, largura e altura consideráveis, seu jardim flutuante que abrigava uma imensa variedade vegetal além de esculturas e quadros importantes. Aquele lugar parecia um sonho e Tales custava a acreditar que tivesse merecido o convite para morar ali e descobrir a Deus através das pessoas e não através da solidão como pensara anteriormente.

Tinha sido um risco chegar até ali e já que tivera a coragem não iria titubear mais. Iria até o fim mesmo que as consequências fossem drásticas. Com esta decisão, dá um, dois...dez passos e então está diante do imenso portão. Agora faltava pouco.

Em mais uma demonstração de bravura, bate firme na porta e só sossega quando escuta barulho de passos se aproximando. Alguns segundos depois, finalmente a porta é aberta. Dentro do mosteiro, surge a figura de um também ancião, baixinho, branco, magro e careca. Com um aspecto formal, ele encara o visitante e entra em contato.

—O que deseja jovem? Como se chama?

—Meu nome é Tales e o seu?

—Félix. Você é o indicado do meu amigo Gandarom. Entre e fique à vontade.

—Obrigado.

Os dois entram no prédio amplo. Tales pode perceber logo à primeira vista o encanto e o misticismo desse local. Era um recanto onde viam se abrigar todo tipo de pessoa: Pobres, ricos, doentes, estigmatizados, aculturados e analfabetos, além de ser um espaço multiétnico e poli religioso. Uma mistura ideal para compreender um pouco de Deus.

Após ultrapassarem o salão principal, percorrem mais dois corredores à direita até chegar a uma sala reservada. Nela, estavam todos os monges reunidos. Ao adentrar na sala, cumprimentam a todos e vão falar especificamente com Gandarom que estava mais ao fundo. O reencontro entre os dois é emocionante e rola abraços, apertos de mão e beijos no rosto.

No fim deste ritual, o contato verbal pode então ser retomado.

—Então você veio? Que bom. (Gandarom)

—Eu cumpro o que prometo. Agora, estou à disposição. (Tales)

—Olha, Félix, Tales é um jovem disposto e sábio querendo encontrar e entender a força que o liga ao nosso pai. (Gandarom)

—Muito bom. Desde o começo percebi que ele tem um brilho especial. Pode deixar. Juntos formaremos nele o espírito ideal. (Félix)

—Obrigado aos dois. O que precisarem de mim estou à disposição. Estou preparado para trabalhar, experimentar e acima de tudo aprender. (Tales)

—Gostei. Vamos precisar mesmo de sua ajuda. Vê o que está ao nosso redor? Existem pessoas sedentas, famintas do verdadeiro espírito de compreensão que podemos proporcionar a elas. Você é uma das chaves. Seja bem-vindo. (Félix)

—Se precisar de algo particular, também não se envergonhe. Pode falar. (Gandarom)

—Não se preocupem. Está tudo muito bom. Prometo cumprir meu destino. Onde guardo as malas? (Tales)

—Deixa que eu te mostre. (Ofereceu-se Gandarom)

Os dois saem da sala, atravessam mais um corredor e tem acesso ao bloco dos dormitórios. Dirigem-se ao do fundo o qual já estava reservado especialmente para o visitante. Em poucos passos, já chegam no local, adentram, guardam as malas e o guia sugere que o discípulo descanse na cama que estava ao seu lado. Ele aceita e deita na mesma pois o dia seria longo e exigiria muito de suas forças.

Enquanto isso, os trabalhos continuavam....

A primeira lição

Tales finalmente acorda após aproximadamente duas horas de sono profundo. Imediatamente, levanta-se, sai do quarto e vai procurar seus mestres. Passa pelo corredor, pela sala, mais dois corredores e finalmente chega no primeiro ambiente, o salão.

Neste momento tem uma visão de uma cena inusitada: Um homem debatendo-se no chão e os monges esforçando-se para acalmá-lo. A cena lhe dá medo e prefere acompanhar apenas de longe o desenrolar da história.

São quinze minutos de intensa agonia onde a situação só é controlada com muito esforço do Abade Félix e do mestre Gandarom. Ao final, o homem levanta-se e parece absolutamente normal e completamente recuperado. É então dispensado.

Neste instante, Tales aproveita para se aproximar e sanar suas dúvidas junto aos mestres.

—O que aconteceu aqui?

—Era um endemoninhado- Explicou Gandarom.

—O que fizeram para acalmá-lo? (Tales)

—Usamos a oração. Ela tem o poder de curar e expulsar os demônios. (Abade Félix)

—Ensina-me- Pediu Tales.

—Você deve orar assim: Eu vos ordeno, casta de demônios, em nome de Nosso Senhor Jesus Cristo, que saiam do corpo deste homem e retornem a seus habitats infernais. Não foi por acaso que o filho de Deus se entregou na cruz e derramou seu sangue para a remissão dos pecados. Por isto, pelo seu sacrifício, afastem-se definitivamente dele e nunca mais voltem. Amém. (Abade Félix)

—Jesus é um dos dois filhos de Deus. O outro se revelará apenas num futuro longínquo- Explicou Gandarom.

—É realmente incrível. Este nome tem realmente poder e sinto que me chama continuamente ao seu seio - revelou Tales.

—Então se entregue, irmão. Eu também faço parte desta comunidade. Fique à vontade. (Abade Félix)

—Muito obrigado-Disse Tales.

—Você tem o direito de escolha. Assim como no passado decidiu recolher-se agora tem a oportunidade conosco e com as misérias do mundo que tratamos. Somos a seta que mostra o caminho, mas a decisão soberana é sempre sua. (Explicou Gandarom)

—Você tem razão. Obrigado por todo o apoio, mestre. (Tales)

—De nada. (Gandarom)

—Voltemos as nossas obrigações. (Ordenou o Abade)

Todos obedecem e Tales faz questão de ajudar no trabalho junto aos doentes, nas atividades domésticas e em outras tarefas correlatas. Assim passasse o seu primeiro dia no mosteiro e ele se sente em fase de testes em sua nova vida. Uma vida iluminada pelo espírito de amor e compreensão do mestre.

Avancemos.

O trabalho

No outro dia, desde cedinho, todos do mosteiro acordam e vão fazer suas atividades matinais. Especificamente o trio em questão cuida do seu curto treinamento. A lição do dia relaciona-se ao trabalho e eles esforçam-se por ocupar-se em tempo inteiro.

As principais atividades realizadas são: Tomar banho, preparar o desjejum, comer o café-da-manhã, lavar os pratos, escovar os dentes, limpar o interior e o exterior do mosteiro, passear, fazer compras, elaborar o orçamento, escutar música, ler livros, almoço, jantar e reunir-se com os demais membros do mosteiro a fim de decidir questões importantes. Com isto, o dia foi completamente preenchido e ao final dele os três estavam esgotados. O que eles queriam mostrar ao discípulo era que sem trabalho não se consegue nada debaixo dos céus.

O exemplo da persistência

Chega o terceiro dia de convivência no mosteiro. Após as atividades corriqueiras da manhã, os três mosqueteiros foram atender os necessitados que continuamente apresentavam diante deles.

Tales estava adorando aquelas atividades altruístas. Elas faziam-no sentir útil à sociedade. Exatamente às dez horas da manhã, aparece uma senhora de meia idade procurando seu mestre. Apresenta-se como Marta e parecia não ter uma necessidade especial, era apenas uma visita de uma velha amiga que não o via há um bom tempo. Tales faz a gentileza de levá-la ao encontro dele e provoca um momento especial entre os dois que se abraçam por muito tempo.

O mestre tem então uma boa ideia aproveitando a situação.

—Marta, poderia contar vossa história a este meu amigo Tales?

—Claro, ele é seu discípulo?

—Sim, eu sou- Antecipou-se Tales.

—Com muito prazer. Meu nome é Marta Gurgel, tenho cinquenta e cinco anos. Sou uma empresária renomada vivendo uma vida tranquila. Contudo, nem sempre foi assim. Já fui moradora de rua, camareira em hotel, prostituta. Por iniciativa própria, procurei estudar e é aí que nosso amigo aqui entra na história. Ele foi um dos meus primeiros professores na escola central de Cartago, nos tornamos amigos e confidentes. Apesar de todas as dificuldades, ele me incentivou muito a lutar pelos meus sonhos. Foi aí que tive a ideia de virar empresária. A custas de meu trabalho, abri uma butique no subúrbio. No começo, o movimento era bom, mas com o tempo esfriou e a maioria das peças que conseguia vender era a prazo com a inadimplência nestes casos beirando os trinta por cento. Resultado: Quebrei. Ajudado por ele, não desisti e continuei lutando pelos meus empreendimentos. Foram setenta tentativas e todas resultando em fracasso. Na de número setenta e um finalmente encontrei algo que me identificava e tudo correu às mil maravilhas. Hoje tenho minha rede de lojas de móveis. O que aprendi através do mestre é que nunca devemos desistir da meta, persistir é a chave do sucesso.

—Que incrível! Parabéns! Nem sei o que dizer! (Tales)

—O Exemplo de Marta pode ser aplicado a qualquer situação. Todos somos capazes. (Gandarom)

O Abade Félix chega e também intervém na conversa a fim de dar uma boa notícia:

—Companheiros. Eu decidi. A partir de agora, vocês serão os dirigentes do local. Já mostraram capacidade suficiente para isso.

—Parabéns! Mais que merecido! (Marta)

—Eu não sei o que dizer. Muito obrigado, amigo. (Gandarom)

—Eu? Não sou apenas um discípulo? (Tales)

—Estive observando seus movimentos nestes três dias. Você e seu mestre são as pessoas mais adequadas para o cargo. E se permitires, o batizarei em Cristo Jesus. (Félix)

—Eu quero. Agora mesmo. (Tales)

O Abade Félix afastou-se por um instante voltando pouco tempo depois com uma bacia cheia de água. Com o auxílio de Gandarom e marta realizaram o ritual que consagrava Tales ao cristianismo. Agora o espírito santo podia agir completamente em sua vida.

Após a cerimônia, Marta despediu-se e os três mosqueteiros foram cuidar de suas respectivas atividades diárias. O tempo urgia.

O período de seis anos

Após nomeação, Tales e Gandarom iniciaram um trabalho maravilhoso junto ao mosteiro. Com ideias inovadoras e perspicazes, fizeram o mosteiro do abade Félix um centro de referência em caridade, aconselhamento e direcionamento para pessoas de todas as idades. Aliado a isso, o primeiro crescia em sabedoria, alegria e felicidade com seus estudos sobre o cristianismo.

No entanto, nem tudo eram flores. O século V era um período de repressão e perseguição para os que aceitavam a cristo por meio da política autoritária do Rei Transmudo. Ele tentava de todas as formas desmoralizar os cristãos

O ápice da perseguição ocorreu naquele fatídico quinze de dezembro de 492.Ao sair para fazer compras, Tales e Gandarom foram presos por guardas a mando de transmudo. Foram amarrados, humilhados e levados para a prisão. Chegando lá, foram açoitados e torturados com o objetivo de que negassem a fé cristã. Contudo, permaneceram firmes na fé e acabaram por sendo soltos.

Ao voltarem para o mosteiro, organizaram uma reunião a fim de tomar uma decisão definitiva. Aquela situação não podia perdurar.

Viagem forçada

O resultado da reunião decidiu o futuro de Tales. Ficou decidido que o mesmo ia afastar-se de suas funções e viajaria de encontro aos amigos monges no deserto egípcio. Era preciso dar um tempo pois Cartago tornava-se cada vez mais perigosa.

Tomada a decisão, o nosso augusto personagem imediatamente foi preparar os detalhes da sua partida. Arrumou a trouxa de roupas com os objetos pessoais e nomeou alguém a fim de substituí-lo no trabalho do mosteiro.

Com tudo pronto, pegou seu cavalo favorito Protomeu e seguiu viagem rumo ao litoral de onde pegaria o navio rumo ao destino final. Como Cartago ficava à beira-mar a distância de onde estava seria percorrida em um curto espaço de tempo.

Assim se faz. Em quarenta e cinco minutos de galope rápido, ele chega ao porto, deixa seu amigo Protomeu aos cuidados de um encarregado, caminha um pouco e subindo as escadarias embarca no navio que estava próximo de sair. O destino estava lançado.

Vinte minutos depois, o navio parte e neste momento Tales encontra-se em um dos quartos no navio com todo conforto disponível na época. Como era sua primeira viagem em alto mar, sentia-se um pouco enjoado e indisposto, mas nada que tirasse sua fé, garra e esperança por dias melhores.

Aproveita o tempo disponível, senta em sua cama e começa a ler sua inseparável bíblia na parte referente aos Salmos. Concentra sua atenção no seguinte trecho: *"Não te irrites por causa dos maus nem tenha inveja dos injustos. Eles são como erva: Secam depressa, murcham logo como a relva. Confia no senhor e pratica o bem, habita na terra e vive em paz, coloca tua alegria no senhor e ele te concederá o que teu coração deseja. Entrega teu caminho ao Senhor, confia nele e ele agirá. Ele fará sobressair tua justiça como a luz e teu direito como o meio-dia. Descansa no senhor e nele espera; não te indignes com o que prospera, com o que executa astutos intentos. Deixa a ira, abandona o furor; não te irrites, pois só te faria mal; porque os malfeitores serão extirpados, mas aqueles que esperam no senhor possuirão a terra. Ainda um pouco, e o ímpio não existirá mais; olharás para seu lugar e não o acharás. Mas os humildes possuirão a terra e de deleitarão na abundância de paz. O ímpio conspira contra o justo e contra ele range os dentes; mas o senhor ri às custas dele, pois vê que vem chegando seu dia. Os ímpios puxam da espada e retesam o arco para matar o justo, para abater o pobre e o necessitado; mas a espada lhes entrará no coração e seus arcos serão partidos. Vale mais o pouco que o tem o justo do que as riquezas de muitos ímpios; pois os braços dos ímpios serão quebrados, mas o senhor sustenta os justos. O senhor vela pela vida dos justos e sua herança permanecerá para sempre. Não serão envergonhados nos dias maus e nos dias de fome serão saciados. Quanto aos ímpios, eles perecerão, estes inimigos do senhor murcharão como a beleza dos prados e desaparecerão como a fumaça se desfaz. O ímpio toma emprestado e não devolve; mas o justo se compadece e dá. Aqueles que ele abençoa possuirão a terra, aqueles a quem amaldiçoa serão extirpados. O senhor guia os passos do homem. Eles são firmes e seu caminho lhe agrada. Ainda que caia, não ficará prostrado, pois o senhor o sustenta com sua mão. Fui jovem e agora sou velho, mas nunca vi um justo desamparado, nem sua descendência mendigar o pão. Compadece-se sempre e sempre empresta, e sua descendência é abençoada. Evita o mal e pratica o bem, e terás morada para sempre, pois o senhor ama o que é direito e não abandona seus fiéis. Os maus perecerão de uma vez e para sempre e a descendência dos ímpios será exterminada. Os justos possuirão a terra e nela habitarão para sempre". (Salmo 37,1-29)*

Tales emociona-se. Estas palavras de consolo eram perfeitas para o momento crítico em que estava vivendo. Sim, tinha fé, confiava em Deus, em sua providência e superaria todos os obstáculos que se colocavam em sua atividade de seguimento a cristo. Ninguém tinha o poder de tirar-lhe a felicidade alcançada através do filho de Deus que o chamava continuamente. E que Maktub! Aceitaria seu desígnio com serenidade.

Após a leitura do texto, Ele fecha a bíblia e se propõe a fazer um passeio pelo navio. Seria bom começar a se entrosar com os demais companheiros de viagem. Visando isto, sai do seu quarto e ganha o costado no navio. Com isto, tem a oportunidade de conhecer outros viajantes com mesmo destino seu, cada um com sua história e vida particulares. Ao final deste exercício, tem como resultado a consolidação de várias amizades. Era exatamente o que Deus queria dele ao contrário do seu recolhimento anterior.

Duas horas depois, está de volta ao seu quarto e aproveita para descansar mais um pouco. Afinal, a viagem seria longa e desgastante. Enquanto relaxa, inebria-se com a beleza do mar gigantesco à sua frente com suas belezas naturais. Realmente tudo que estava vivendo era mesmo espetacular apesar de reconhecidamente triste por ter que abandonar sua turma de mosteiro a quem tinha muito estima. Porém, ele não tinha saída.

O tempo passa um pouco, a tarde avança e a noite chega. Suas atividades vão desde jantar a participar duma festinha rápida com cantores locais. Isto fez um bem enorme para seu coração que andava deveras ansioso, medroso e angustiado. Mais tarde, vai dormir e procura fazê-lo da melhor forma possível.

Um boa noite a todos.

Parada em Siracusa

Amanhece após uma noite atribulada cheia de pesadelos para o nosso querido Tales. Não tinha sido nada fácil a primeira experiência sob o mar por motivos óbvios. Era um momento crítico em todos os sentidos por conta da mudança de vida.

Auxiliado por seu relógio natural, ele acorda e com um esforço sobre-humano consegue enfim levantar. A primeira coisa que faz é dirigir-se à toalete, tomar um bom banho e relaxar um pouco. Após, sai do banho, troca de roupa e encaminha-se à cozinha a fim de degustar os prazeres da carne.

Com passos apressados, ele o faz em questão de instantes e ao chegar no local parece que não era o único pois o restaurante estava lotado. Mesmo assim, consegue localizar ao fundo uma mesa com uma única pessoa e para lá que vai.

Ele finalmente acomoda-se. Educado que era, pede licença a pessoa, apresenta-se e avalia o cardápio. Pede algo simples e enquanto a comida não chega fica a papear com A moça chamada Cruzes sobre assuntos gerais e sobre si mesmo. É como diz o ditado, evangelizai sempre não escolhendo data nem hora.

Dez minutos depois, a comida chega, ele se serve, mas continua interagindo com a moça que era bastante simpática. Neste intervalo de tempo curto, ficam bastante amigos. Ao término do café, despede-se, repassa as últimas recomendações e finalmente volta ao seu quarto. Alheio a tudo isso, o navio prossegue invisível na sua marcha.

Como no dia anterior, ele fica a descansar e observar o movimento das águas do oceano através da janela do seu quarto. Nesta observação, ele aprende outros significados além dos que já sabia no mosteiro a exemplo da fugacidade das coisas e do incontrolável destino que o perseguia. No entanto, estava conformado e pedia em suas orações serenidade e fé diante de tudo que estava ocorrendo.

Cerca de uma hora depois, o navio para e isto chama a atenção de Tales. Ele sai do quarto, caminha no vagão principal e percebe que ancoravam no porto que pelos seus cálculos seria o porto da cidade de Siracusa. O objetivo era reabastecer o combustível a fim de concluir o trajeto total.

No exato instante que ancoravam, um homem entrou na embarcação e começou a gritar aos quatro ventos:

—Egito está em crise! A Igreja de Nosso senhor Jesus Cristo não consegue se firmar por conta de intensos conflitos internos. Portanto, quem busca refúgio no Egito cabe repensar.

Dito isto, saiu do barco sem despedir-se de ninguém. Para nosso querido viajante, aquilo foi um sinal. Certamente, aquele homem era um anjo enviado por Deus e ainda dava tempo de reconsiderar. Intuitivamente, tomou uma decisão: Deu meia volta, retornando ao quarto. Arrumou rapidamente sua mala, desceu do navio e ficou a esperar um navio no sentido de volta. Iria retornar à sua terra que por pior que fosse ainda tinham os seus em quem confiar. Iria enfrentar a sua realidade sem fugir e que fosse o que Deus quisesse.

Volta para casa

Duas horas depois, chegou um navio cujo destino era o pretendido. Imediatamente, nosso augusto personagem apressou-se em pagar a passagem, embarcar e acomodar-se num quarto disponível. A aventura se reiniciaria só que no sentido contrário.

Alguns momentos depois, já é iniciado a viagem levando nosso amigo sonhador, um perfeito seguidor das leis de Cristo e que por tal era perseguido. Iria enfrentá-los! Voltaria ao mosteiro, exporia seus argumentos e esperava o apoio dos seus amigos. Tomara que desse certo!

Enquanto isso, ele tenta as mais diversas distrações: Ler a bíblia, passear nos diversos compartimentos do navio, observar o mar, almoçar, jantar, conversar, descansar e meditar. Tudo é muito intenso e prazeroso por conta da expectativa de volta junto aos seus no mosteiro que já considerava uma família.

Ao final da noite, já conseguem atingir o ponto final: A maravilhosa e imponente Cartago. Felicíssimo, Tales desce do navio trazendo consigo suas malas, suas ambições, seus medos e inquietações. Logo ao desembarcar, aluga um animal disponível e parte firme rumo ao mosteiro. Que cristo lhe desse sorte e o abençoasse.

No caminho, tem a oportunidade de revisitar locais. Aquela era sua cidade que mesmo com seus problemas era linda, atraente e hospitaleira. O desafio era conviver com algumas pessoas, os anticristos preconceituosos e desumanos que não respeitavam a escolha dos outros. Estes não têm o nome escrito no livro da vida pois são seres sem alma.

Trinta minutos após a partida no porto ele já chega ao destino. São exatamente 23:30 horas e ele não tinha outra opção senão tentar acordar seus amigos monges. Diante do portão principal, ele tenta uma, duas, três vezes. Na última, ele dá um grito e finalmente ele escuta barulhos. Alguém se aproximava.

De dentro do estabelecimento, sai uma figura armada até os dentes e este fato o assusta. Observa melhor e constata que se trata do abade Félix. Tales trata de identificar-se a fim de evitar uma tragédia maior.

—Calma, abade. Sou eu!

Félix esforça-se através daquela meia-escuridão. Descobre a identidade da figura e então esboça um sorriso.

-—Tales? É você? O que aconteceu?

—Sim. A igreja Egípcia está em conflito. Eu não tive escolha a não ser retornar. Poderia me receber?

—Claro. Eu não recusaria recebê-lo a uma hora dessas. Amanhã conversaremos melhor.

—Obrigado.

Félix abre caminho para Tales e os dois adentram no mosteiro fechando a porta atrás de si. Orientado por Félix, ele dirige-se ao mesmo quartinho que ocupava anteriormente e chegando lá, procuraria dormir. O dia já tinha sido bastante movimentado.

Decisão II

Surge um novo dia na grande Cartago, centro geopolítico e financeiro da época. Era o dia dezessete de dezembro de 487 e a manhã aparenta ser calmosa e aconchegante. Logo cedo, como era costume, todos levantam-se e Tales não era exceção apesar de todo o cansaço que trazia da viagem.

Cumprindo a rotina diária, terminam no desjejum e após isso marcam uma reunião urgente numa sala reservada entre eles, exceto Tales. Em uma hora de intensos debates definem o destino daquele que comandara aquela instituição por praticamente seis anos.

Chegam finalmente a uma conclusão e o escolhido para transmitir a notícia foi o sábio, amado e eterno mestre de Tales, o Gandarom. Ele sai da sala e dirige-se ao salão onde o discípulo se acomodara.

São os passos mais duros da sua vida a serem dados, mas extremamente necessários. Ao chegar mais perto, Tales percebe a desolação do mestre e tem uma má intuição.

—Tales?

—Sim?

—O conselho reuniu-se e decidiu por sua saída. Lamento. Para eles, você tornou-se um perigo.

—Eu? Eu não faço mal a uma barata.

—Você sabe do que estou falando. Os anticristos estão cada vez mais atuantes e os pressionam de todos os lados. Eu não concordo, mas não há o que fazer. A maioria vence.

—Entendo. Eu vou. Antes, porém, queria dizer que você é especial na minha vida. Sua figura, companhia, conselhos e sua experiência me ajudaram muito todo esse tempo. Foi um segundo pai. Muito obrigado.

—Não tem que agradecer. Eu também aprendi muito com você pois ninguém sabe tudo. Olha, quando quiser nos visitar, fique à vontade.

—Obrigado.

—Vai para onde agora?

—Eu não sei. Vou voltar para casa e ver se arrumo minhas ideias. Eu só tenho certeza de uma coisa: De Jesus Cristo eu não me separo mais mesmo que isto custe minha vida.

—Eu dou todo apoio. Lembrarei de vocês em minhas orações. Boa sorte.

—Para você também. Um grande abraço.

—Até.

Os dois se cumprimentam com apertos de mãos como manda a etiqueta. Gandarom o acompanha até a saída por cortesia. O Ainda jovem Tales some nas ruas da grande cidade. Vida que segue para os dois. Apesar de terem destinos diferentes, cada um iria carregar o outro dentro do peito pelo resto da vida.

Em casa

Tales percorre as ruas de sua cidade cheio de angústia, medo e nervosismo. Naquele exato momento, sentia uma grande dor no peito por todos os recentes acontecimentos. Fora praticamente expulso do mosteiro e da vida de seus amigos apenas por fazer o bem. Mesmo tendo consciência que não era culpa deles, sentiu-se desprotegido e abandonado como seu mestre na cruz.

Agora só tinha a si mesmo, seu pai espiritual e sua mãe velhinha que não visitava há certo tempo. Parecia pouco, mas ainda estava em condições melhores do que muita gente. Pelo menos tinha saúde para trabalhar e sua fé continuava firme pronta para novos desafios.

Pensando em tudo o que passou, faz uma balança dos prós e contras de suas decisões e verifica que a vida imersa no evangelho era mesmo especial. Tinha oportunidade através de suas atividades de ajudar as pessoas de todos os gêneros e classes. Cumpria assim o seguinte ditado: "Somos todos iguais perante o pai".

Mesmo estando num momento difícil, não pensava em renunciar à sua missão, "às vozes da luz" que continuavam o chamavam à prática do bem. Deveria ter uma saída para superar esta decepção momentânea e continuar. Só não tinha ideia de como fazer isso agora simplesmente por estar muito abalado. O melhor era descansar por um tempo.

Firme nesta decisão, ele apressa os passos, ziguezagueando pelas ruas com o intuito de se distrair. Um pouco mais tarde, enfim alcança o destino final. Sentindo-se em casa, passa pela estrebaria e ali estava seu velho amigo Protomeu, o abraça e lhe dá uma escovação rápida. Depois, sai o local e dirige-se à porta de sua residência e pelo fato dela estar entreaberta só faz empurrar.

A primeira coisa que vê na sala é sua mãe a descansar sobre a cadeira. Ela parecia estar tão concentrada que não percebe a sua presença. Ele se emociona, pois, sua mãe era tudo de bom. Fora o ser que o abrigara por nove meses em sua barriga e o alimentara e só este fato exigia amor incondicional do mesmo.

Discretamente, assobia e isto faz a mãe direcionar a visão em seu sentido. Ao cruzar de olhares, um mistério insondável de amor se realiza e eles ficam por microssegundos imóveis em sua contemplação. Após este intervalo de tempo, ela entra em contato.

—Tales? É você, meu filho? Lembrou de sua mãe?

—Sim, sou eu, mãe- Disse ele aproximando-se mais.

Ela não tem tempo para levantar-se. O filho chega junto de si e lhe dá um beijo caloroso na testa.

—Veio para ficar? (Pergunta ela)

—Vim dá um tempo para mim mesmo. Aceita-me?

—E ainda me perguntas uma coisa dessas? Sou sua mãe. Meu amor é imenso e sem restrições.

—Obrigado. E minha tia Rebeca? Onde está?

—Saiu para fazer compras. Daqui a pouco volta.

—E você? Como está?

—Com a graça de Deus, mãe? E a senhora?

—No mesmo. Minha idade não permiti muita expectativa.

—Que nada, mãe! A senhora ainda é muito jovem.

—São seus olhos, meu filho. Mas estou conformada. Agradeço a Deus tudo o que me proporcionou inclusive ter um filho como você.

—Obrigado, mãe. Eu que agradeço pela vida da Senhora. Tem algo para comer na cozinha?

—Sim. Mexido de ovos.

—Uma delícia. Vou comer. Mais tarde falamos.

—Á vontade, filho. A casa é sua.

Tales foi comer pois estava esfomeado. Chegando no local, não demora mais de que quinze minutos para reabastecer as forças. Após, guarda as malas, vai conversar novamente com a mãe e neste meio tempo Rebeca chega. Eles cumprimentam-se com euforia e continuam interagindo entre si. Tinham que aproveitar este momento que a vida proporcionara.

Em seguida, toma banho, sai às ruas um pouco e só retorna para o jantar. Depois, tranca-se no seu quarto, lê a bíblia e tenta uma iluminação. Sem sucesso. Mais tarde, já cansado, vai dormir. Os próximos dias prometiam.

A semana

Os dias da semana vão se passando e Tales aproveita este tempo em casa para ajudar a reorganizar as coisas. Dentre as atividades principais, visita aos negócios, passeio e reencontro com velhos amigos esquecidos, estudos bíblicos, investigação dos anticristos, além do cuidar da mãe, a coisa mais importante de sua vida. Estava vivendo um momento divisor de águas, onde praticamente tudo poderia acontecer para o bem ou mal. Cabia a ele usar as ferramentas certas a fim de alcançar o sucesso.

Ao fim da semana, após toda a maratona de atividades anteriormente citadas, o mesmo sentou e refletiu sobre os aspectos mais importantes relacionadas à sua vida e a da sua família. Chegando a uma conclusão importante.

Em vista disso, num domingo à tarde, aproximou-se de sua mãe e foi ter com ela uma conversa definitiva. A mesma estava na sala tirando um cochilo em sua espreguiçadeira favorita. Ao chegar bem perto, acordou-a de leve e os dois puderam ficar frente a frente numa conversa franca.

—O que deseja, filho?

—Eu estava pensando uma coisa e queria consultar a senhora.

—Diga. Eu estou ouvindo.

—Mãe, a senhora me conhece como ninguém. Eu sou um ainda um jovem cheio de sonhos e desafios, com valores concretizados. A senhora sabe também do meu instinto de liberdade, criativo e perspicaz. Eu cheguei a uma decisão.

—Eu compreendo. Você está querendo me dizer que vai embora novamente. Acertei?

—Sim e não só isso. Decidi também vender a parte da herança que me cabe e montar meu próprio mosteiro. Jesus me chama à missão.

—Tem certeza?

—A única certeza que tenho na vida é essa além da própria morte é claro.

—Então eu aprovo. Vá buscar no seu trabalho missionário a essência da sua vida. Contudo, não esqueça da sua velha mãe- recomendou ela.

—Com certeza. A visitarei quando puder. Dê-me a bênção, minha mãe.

—Eu te abençoo em nome do pai, dos dois filhos e do espírito santo.

—Amém.

Tales retira-se e vai cuidar de alguns detalhes. Já tinha em mente alguém para vender suas propriedades, pessoas colaboradoras e um local específico para erguer a sede do seu projeto. Com a aprovação da mãe, vai resolver pessoalmente.

No mais tardar em três meses, já queria estar instalado e iniciado os trabalhos. Chamaria o mosteiro de "Lar da ressurreição", uma alusão ao que mestre realizava todos os dias em sua vida e na questão do planeta em geral.

Boa sorte a ele!

Algum tempo depois

O tempo avança. Graças ao seu esforço pessoal e de alguns amigos convidados Tales concretiza seu ideal fundando o lar da ressurreição em oitenta dias, vinte dias antes do previsto. Com vista a comemorar o acontecimento ele organizou uma pequena festa, com a presença confirmada de cantores, flautistas, pessoas do meio cristão, família e amigos a se realizar na sede do projeto.

Era o dia dezesseis de março de 488, uma noite tranquila e de luminosidade média da grande Cartago. O "Lar da Ressurreição" ficava próximo ao centro e com isso a locomoção dos convidados ficava facilitada. Exatamente às 20:00Hs, todos já se encontravam no local e este fato trouxe muita alegria ao nosso personagem principal. Jesus estava realmente conduzindo esta grande travessia a qual se mostrava pela frente de sua iniciante vida.

Fazendo o papel de anfitrião, Tales dá início aos festejos. A noite especial é envolvida por música, entretenimento, conversas francas entre os grupos de pessoas participantes, comes e bebes e um clima de muita paz.

Uma hora após o início da festa, alguém bate no portão de entrada do chalé amadeirado,15x8 m de dimensões divididos em seis compartimentos: dois quartos, salão principal, cozinha, biblioteca e compartimento de descarga. Tales foi verificar pessoalmente quem era o intruso a fim de tomar uma decisão definitiva. Esperava que não fosse um anticristo pois se fosse mesmo sendo da paz teria que reagir e lutar pelos seus direitos de escolha religiosa, algo ainda não respeitado na época.

Com alguns passos, já chega na porta e abre-a de supetão, preparado para o pior. O que vê provoca uma crise de risos no mesmo. A pessoa que batia à porta era nada mais nada menos que seu eterno mestre Gandarom.

—Qual a graça, posso saber? (Indaga Gandarom parecendo um pouco aborrecido)

—Nada não. É que estava a pensar bobagens. Mas entre. A casa também é sua.

—Obrigado.

Os dois adentram no mosteiro e vão juntar-se aos outros festeiros. No caminho, cheio de curiosidade, o nosso augusto personagem não se contém e retoma a conversa com o interlocutor.

—Como soube?

—Um de nossos amigos em comum me contou e não resisti. Está tudo muito bonito, parabéns!

—Obrigado. Fique à vontade.

A festa continua com a alegria de todos os participantes. Todos que estavam ali, de uma forma ou de outra, faziam parte do sonho de Tales, um sonho de comunhão, de interação, de seguimento a cristo e aos bons valores da vida. Um sonho que se realizava na união de forças. Era de pessoas assim que o mundo precisava.

A festa segue até as 23:00 Horas. Como despedida, Tales propõe uma oração que é a seguinte: *"Quando te invoco, responde-me, Deus de minha justiça! Na angústia tu me confortaste. Tem piedade de mim e ouve minha oração. Ó homens, até quando tereis o coração endurecido, amareis a vaidade e buscareis a mentira? Sabeis que o senhor opera maravilhas para seu fiel; o Senhor me ouvirá quando eu o invocar. Tremei e não pequeis, refleti em vossos corações, quando em vossos leitos, e calai. Oferecei sacrifícios com sinceridade e confiai no Senhor. Muitos dizem: Quem nos mostrará o que é bom? Senhor deixai brilhar sobre nós a luz de tua face. Puseste mais alegria em meu coração do que naqueles que tem trigo e vinho em abundância. Em paz me deito e logo adormeço porque só tu, Senhor, me fazes viver em segurança". (Salmo 4)*

Todos repetem e aplaudem. Naquela oração estava a essência da missão sacerdotal que naquela época era envolta de perigos. Era necessária a força do alto a fim de não desistir ou fraquejar. Pois só Javé e seus dois filhos poderiam salvar, proteger e permitir a continuidade da missão.

Com o fim dos trabalhos, todos despedem-se deixando Tales a sós. Iria tentar dormir com a paz sem Deus sem maiores preocupações. A partir do outro dia, daria o pontapé inicial a seus trabalhos contando com ajuda de três amigos: Pedro pedra, Ângelo Mussolini e Rita Andrade. O primeiro seria um abade e os outros dois auxiliares.

Avancemos.

A missão

No dia posterior à inauguração, "O Lar da ressurreição" iniciou às suas atividades altruístas. Semelhantemente ao outro mosteiro que Tales coordenara não havia diferenciação entre as pessoas, podendo participar todas as denominações que precisassem de ajuda.

Tales e seus amigos anteriormente citados dispunham-se a resolver uma gama de problemas através de aconselhamento, orientação, doação e ensino numa escala de revezamento de modo que a instituição funcionasse o dia todo.

Inicialmente com poucas visitas, os seus trabalhos foram divulgados pouco a pouco através da boca a boca e então em menos de um ano já tinham que agendar o atendimento. Sinal de que o trabalho estava reconhecido sendo Tales considerado um anjo de luz: porta voz das forças espirituais denominadas "as vozes da luz" que significava sua obediência ao pai e seus dois filhos.

Nomeação

Após dois anos de trabalho comandando "o lar da ressurreição", O nome de Tales ganhou muita notoriedade da região de Cartago. As informações de seu trabalho chegaram até o bispo Gurgel Fontes que após uma análise breve decidiu por sua nomeação como sacerdote do ministério de Cristo, órgão ligado à Igreja Católica.

Tales foi imediatamente notificado da decisão e aceitou por livre espontânea vontade a nova denominação. Comprometeu-se em pelo menos três vezes por semana fazer sermões, cultos e pregações a fim de angariar mais fiéis para Cristo. Contudo, não abandonaria seu trabalho no mosteiro pois a essência da sua vida, a austeridade e a simplicidade se encontravam neste meio.

Boa sorte a ele!

Viagem a Roma

Tales iniciou suas atividades sacerdotais uma semana após a nomeação. Com seu jeito carismático, educado e persuasivo arrastava multidões ao culto. A mensagem que transmitia era que Deus era pai e junto com seus filhos chamavam a todos para uma mudança de vida: Renunciar ao mundo de pecados, entregar sua cruz a quem podia carregar e renovar-se com a força do espírito santo.

Paralelo a este trabalho, continuava atendendo no mosteiro ajudando doentes, oprimidos, depressivos, descrentes, insensatos e os mais empedernidos pecadores. Cumpre-se a seguinte palavra: "Através de meus filhos, encontrarei as reses perdidas do meu rebanho"

Com um ano de dedicação às duas atividades, surgiu um convite de Roma para que apresentasse o seu trabalho ao sumo pontífice e ele não pensou duas vezes e aceitou. Era uma honra e um sonho ter a oportunidade de conhecer o papa São Félix em pessoa.

Decidido, Tales cuidou das últimas pendências: as recomendações sobre o mosteiro a seus amigos e a solicitação de uma licença da atividade sacerdotal. Com relação a este último item, conseguiu na mesma hora. Após, arrumou as malas contendo seus objetos pessoais de primeira necessidade.

No dia posterior, com tudo pronto, selou seu inseparável cavalo Protomeu e seguiu rumo ao porto local. Galopando em uma boa velocidade, chega ao destino final (O porto de Cartago que no momento apresentava-se bastante movimentado) ultrapassando os obstáculos comuns duma cidade grande daquela época: Tráfego de animais aliada com a falta de planejamento das ruas. Mas sobrevivera, deixara o animal nas mãos de encarregado que o levaria de volta para casa e agora restava esperar o navio que o levaria a Roma, principal centro mundial da época.

Enquanto espera, puxa conversa com outras pessoas que também esperavam pelo navio e não perde a oportunidade de pregar sobre cristo e sua missão. Com isso, ganha a simpatia e a admiração de mais pessoas.

Quarenta minutos depois, finalmente a condução chega, é formada uma fila entre os passageiros por ordem de chegada e um a um vão subindo as escadarias que ligam o porto a embarcação ancorada. Aproximadamente no meio estava nosso personagem e enquanto sobe as escadas ajeita sua roupa e seu cabelo que estava um pouco assanhado. Não fazia mal nenhum ter um pouco de organização e amor próprio.

Todos embarcam. Após pegar as chaves com o funcionário da transportadora, Tales dirige-se às suas acomodações, o primeiro quarto à direita, e como ficava bem localizado não demora a chegar. Dentro do local, guarda as malas e aproveita para descansar um pouco. Instantes depois, é dada a partida.

Iniciava-se assim uma nova travessia em sua vida e esperava que desta vez fosse mais feliz do que da outra vez. Enquanto a embarcação avança, nosso querido personagem desdobra-se em variadas atividades. Toma banho, passeia, faz um lanche rápido, vai ler um pouco a bíblia e arrumar seu quarto. Mais tarde, almoça, janta, ajuda na lavagem dos pratos e prega sobre sua religião aos seus companheiros de viagem. Tudo está correndo às mil maravilhas e nem a custosa travessia do Oceano estava o desgastando. Com a noite avançada, vai dormir.

Aproximadamente às 01:00 Horas da manhã, Tales acorda sobressaltado. O que estava acontecendo? O navio inteiro balançava de tal forma que pensava que o mesmo iria virar. Imediatamente, saiu da comodidade de sua cama e foi verificar do que se tratava na sala do comandante. A fim disto, atravessa todo o esqueleto do navio -verifica um ambiente tomado de raios, iluminação, chuva constante e repleto de pessoas apavoradas- até chegar à extremidade onde localizava-se a referida sala. Adentrando no recinto, fala com o condutor e é informado através dele que estão enfrentando uma perigosa tempestade e que talvez não prosseguissem no caminho. Tales fica espantado e comovido. Como assim era o fim? Não podia acreditar que seus planos e até sua vida corriam perigo pois era jovem e havia muito a realizar e conquistar em todos os sentidos. Foi aí que inspirado pelo espírito santo pronunciou a seguinte oração: *"Eu vos invoco, Ó Senhor dos Exércitos. Vós que com mão poderosa libertou Israel da escravidão egípcia e nos Deus seus filhos Magnânimos, Tornou a mulher estéril frutífera, mudou os tempos, acalmou os leões. Eu vos peço mais um prodígio que é nos libertar deste tempo tempestuoso pelos merecimentos dos vossos filhos. Amém".*

Após repetir a oração por três vezes, soprou uma brisa fina na embarcação e aos poucos o tormento foi passando. Todos então tranquilizaram-se e com admiração foram cumprimentar o homem de Deus. Tales então começou a vos ensinar:

—*Veem irmãos? Javé é o Deus verdadeiro. Ele nos considera filhos e nunca nos desampara, nem mesmo nas maiores tribulações. A única coisa que exige é que sigamos seus mandamentos e respeitemos a autoridades de vossos filhos. Está escrito que não matarás, não roubarás, não terás inveja, cobiça ou calúnia, não discriminarás, sê humilde, caridoso e generoso, amarás a Javé teu Deus de todo o coração, a teus irmãos como a si mesmo.*

—Quem são os filhos de Javé? (Alguém da multidão pergunta)

—*O filho de Deus corporal chama-se Jesus Cristo e é o mestre que Sigo. Contudo, há um espiritual cuja vinda na terra se dará num tempo longínquo. É ele que virá nos julgar com cetro de ferro e trazer a paz.*

Um doutor de lei que estava presente no barco aproximou-se mais e encarou o palestrante, tomando a palavra.

—As escrituras dizem que é Jesus que voltará a terra se não me engano.

—**Deus tem seus segredos. Este filho espiritual do qual vos falo que há de vir tem a essência de Jesus, a do pai e a do espírito santo, formando um só ser. Portanto, tanto faz chamá-lo de Jesus, de Javé** ou pelo seu próprio nome. As escrituras estão corretas- Explicou Tales.

—Quer dizer que a santíssima Trindade é irreal? (Continuou Gervásio, o doutor da lei)

—*Não se trata disso. Cada um acredita no que lhe for conveniente. A verdade é que Javé Deus é luz, amor, divindade e espírito e está presente nos corações puros e imaculados. Isto é "O mistério da comunhão" e que não pode ser compreendido pelos humanos. Deus é onipotente, onisciente e onipresente- finalizou.*

Antes que causasse uma maior polêmica, Tales retirou-se e foi tentar dormir. Os outros também fizeram o mesmo. Ao chegar em seu quarto, deitou-se em sua cama macia e ficou pensativo por um momento. O que o fizera dizer aquelas palavras? Ele mesmo impressionara-se com sua audácia em desmitificar conceitos tão amplos. No entanto, não se arrependera. Continuaria sendo portador desta força inexplicável que o movia, *"as vozes da luz continuariam tendo sua vontade soberana realizada"*. Um momento depois, dormiu e esqueceu todas as preocupações embalados por sonhos reconfortantes.

A viagem prosseguiu pelos dias seguintes e Tales continuou distraindo-se da melhor forma possível. Com sorte, não houve mais avarias e todos chegaram em Roma ao término do décimo primeiro dia de viagem. Ancoraram com segurança e imediatamente nosso augusto personagem desembarca, aluga um cavalo, o monta carregando sua mala e segue rumo à sede do apostolado local. Agora faltava pouco para realizar um dos seus maiores sonhos.

Passando pelas principais ruas de Roma, Tales se encanta com a arquitetura, o comércio, a paisagem e com o modo das pessoas. Não era à toa que Roma era o centro da época. A única coisa triste era o preconceito e a perseguição cega aos membros de sua religião.

Uma hora depois, chega ao destino, apeia do cavalo, pede permissão para entrar no complexo mostrando sua carta de recomendação e ao ser dada a passagem amarra o animal numa árvore localizada no jardim anexo.

Após, dirige-se ao pátio interior acompanhado dum serviçal. Ultrapassando as barreiras naturais, eles têm acesso à antessala, sala, corredor e enfim ao quarto particular do papa São Félix. O serviçal retira-se, ele bate na porta e o sumo pontífice vem atender. O velhinho branco, baixo, estatura média e careca, usando trajes de dormir, os atende com um sorriso no rosto.

—Você é o Tales?

—Sim. Eu mesmo. Acabei de chegar de viagem.

—Que bom que veio. Entre. Vamos conversar.

—Obrigado.

Tales entra no quarto e com um sinal vai sentar-se à cama do papa que ficava ao lado de uma espécie de criado mudo. Do lado direito, ficava um baú e uma mesa de escrever que tinha tinta e folhas dispersas. O papa senta ao seu lado e inicia o diálogo.

—Eu o chamei porque queria conhecê-lo pessoalmente. Chegaram a mim os rumores de seu belo trabalho sacerdotal e carismático à frente dum mosteiro. Poderia me dar mais detalhes?

—Sou apenas um servo do senhor. Tudo o que faço é impulsionado por ele. Aceitei o sacerdócio por conta de que eu teria uma maior oportunidade de resgatar almas para cristo. Ele quer a todos e especialmente os que estão afastados de sua presença. Com relação ao trabalho no mosteiro, é um trabalho amplo, difícil, mas compensador. Considero-me um portador de uma boa nova.

—Muito bem. Quem dera todos fossem assim como você, dispostos. Já pensou em ampliar este trabalho?

—Sim. No entanto, não é simples. Como o Senhor sabe as perseguições são constantes e muitos ainda não têm coragem de enfrentar o poder central. Eu vos entendo.

—Disse o mestre: *"Aquele que procura preservar sua própria vida, vai perdê-la e aquele que a perder pelo meu nome, há de encontrá-la"*. Precisamos seguir isto.

—Eu concordo. Difícil é convencer os outros a fazê-lo.

—Pode ser. Mas precisamos propagar isso. Permite que use o seu exemplo como modelo inspirador?

—Sim, é claro. É uma honra.

—Então fica acordado assim. Agora me diga, como está a bela Cartago? Como foi a viagem?

—Normal.Com todos os problemas comuns duma grande cidade. Em relação à viagem, tivemos contratempos, mas vencemos.

—Graças a Deus. Nosso pai é maravilhoso. Estava orando por isso.

—Obrigado. Sempre tive uma curiosidade. Como é ser o papa?

—É uma grande missão. Tenho nas costas a responsabilidade do mundo inteiro tendo que zelar pelos interesses de Cristo e da Igreja. A cada dia, tenho que tomar decisões definitivas.

—Caramba! Muito impressionante.

—Gostaria de ser o papa um dia?

—Não. Amo a Igreja, a cristo e ao pai, mas gosto da minha vida, do meu trabalho e sei que teria que renunciar a tudo para assumir esta função. Não está escrito!

—*É verdade, não está escrito*

— *Sou Feliz com isto.*

—Muito bem. Agora vou deixá-lo. Está tarde e precisamos dormir. Amanhã você tem o dia inteiro para conhecer Roma e ter contato com as pessoas.

—Muito obrigado. Foi um prazer conhecê-lo.

—Igualmente.

Os dois abraçaram-se e neste instante maravilhoso Tales sentiu-se inebriado e compreendeu porque ele era o papa. Ao fim do abraço, separam-se, o serviçal voltou e encaminhou Tales a um dos aposentos, um quarto central. No local, a primeira coisa que fez foi guardar suas malas e despencar na cama. O outro dia seria corrido e teria que recuperar as forças desprendidas na longa viagem.

Passeio em Roma

O dia seguinte logo surgiu. Após uma refeição e banho rápidos, Tales saiu às ruas de Roma acompanhado por um sacerdote local chamado Giancarlo Fontana. Montados a cavalo, começaram a percorrer todos os pontos principais da Roma Antiga: Pantheon, o Fórum romano, o coliseu, o Arco de Constantino, o palatino, o circo máximo, as Termas de caracalha, algumas praças, comércio e por último, as tumbas dos apóstolos.

Neste último, sentiu a força do misticismo local comovendo-se bastante. O que "as vozes da luz" o informavam era que neles residia o grande amor de Deus por terem carregado tamanho fardo e enfrentado as autoridades da época. As perseguições à igreja eram bem maiores naquela época.

Ao final do dia, voltaram à sede episcopal e trataram de descansar. No outro dia, novas decisões seriam tomadas.

Retorno

No dia posterior, logo cedo, houve uma reunião rápida entre os integrantes do Clero e o visitante e então ele foi liberado para retornar aos seus afazeres em sua terra. Imediatamente, ele tratou de despedir-se de todo mundo e arrumou suas malas.

Com tudo pronto, pegou o seu cavalo e seguiu rumo ao porto. No caminho, enfrenta o tráfego intenso de animais e pessoas, a fiscalização dos guardas romanos e isto atrasa um pouco sua chegada ao destino final. Chega no limite do tempo, deixa o cavalo com o encarregado do porto e começa a subir as longas escadarias e ao final delas embarcar. Já dentro do navio, é recepcionado pelo atendente da companhia transportadora que lhe entrega as chaves e o orienta com relação ao quarto, daí são mais alguns passos até encontrar o local e adentrando no mesmo, ele acomoda-se em seu quarto guardando as malas e descansando em seu belo dormitório. Minutos depois, é dada a partida. Inicia-se a grande travessia entre os dois continentes, o europeu e o africano, que estava previsto para durar aproximadamente 11 dias.

Ajudando pelo tempo bom e pela calmaria das águas a embarcação seguiu seu caminho à frente sem grandes problemas. Tales aproveitou o tempo livre para fazer amizades, pregar, aprofundar seus estudos e sua leitura, participar das festividades pois era também filho de Deus. Cada instante era importante e nosso amado personagem sabia bem disso. À medida que os dias se passavam, ficava mais convencido de que seu caminho era junto ao público, na simplicidade e na austeridade. Uma lição aprendida.

Neste ritmo, os onze dias passaram-se rapidamente. Chegando ao porto da sua querida Cartago, ele desceu carregando suas pesadas malas. Aluga novamente outro cavalo, o sela e o monta, partindo imediatamente em direção às suas dependências, "O lar da ressurreição". No momento, ele sente-se realizado, conhecera o papa, aumentara sua rede de contatos e sanara algumas das dúvidas cruciais suas. Agora restava apenas prosseguir o trabalho juntamente com seus devotados amigos.

Cartago não mudara. Continuava uma confusão de pessoas, denominações religiosas e autoridades políticas a se enfrentar. O desafio de Tales como sacerdote e homem consistia em conciliar sua missão com a publicidade. Tudo tinha que ser feito da forma mais discreta possível pois caso contrário suas pretensões poderiam ser abortadas precocemente.

Consciente disso, o mesmo esforça-se em não ser notado. Dentro de cinquenta minutos está de volta ao mosteiro. Pega então sua chave mestra, abre a porta e dirige-se aos seus aposentos. Como já era noite e estava bastante cansado, só resta ao mesmo ir dormir e sonhar com novas realizações. E é o que faz. Adentra no quarto, joga as malas para um canto e cai na cama. No outro dia devolveria o cavalo com os próximos dias prometendo mais ação em sua vida simples.

Tales, O novo bispo de Ruspe

Passasse mais um ano e chegamos ao ano de 492.A cada dia, avançavam os projetos de nosso querido personagem principal ficando conhecido tanto em Cartago, na Tunísia inteira e em todos os confins do império Romano.

Paralelo a isso, aumentavam as perseguições aos tidos cristão por parte das autoridades políticas mais importantes. O rei de Cartago chegou ao extremo de ordenar que não existissem sucessores para os bispos falecidos. Seu objetivo era extinguir a Igreja.

Foi organizado uma reação por parte dos cristãos. Numa assembleia organizada em Roma, decidiram por contrariar a ordem do rei e elegeram mais sessenta bispos. Tales foi um deles. Nomeado para cidade de Ruspe.

Após a decisão, foi mandado uma comunicação para cada um dos escolhidos assinada pelo papa recomendando que não recusassem o cargo. Caso contrário, colaborariam com os objetivos dos infiéis.

Ao chegar a comunicação para Tales, ele dividiu-se entre a lisonja de tão alto cargo, o medo e a preocupação com os fiéis. Ficou para analisar depois por conta de compromissos pessoais que tinha.

No entanto, tudo estava para mudar.

O exílio

Em menos de uma semana, os boatos de que novos bispos tinham sido eleitos chegou aos ouvidos do opressor. O fato fez que o mesmo ficasse ainda mais com ira da denominação cristã. Sua primeira atitude foi chamar os oficiais de sua guarda e ordenar a prisão de todos os envolvidos e posterior exílio dos condenados.

Assim se fez. A guarda do rei transmudo foi atrás de cada bispo eleito e quando reuniu a todos os escoltaram a um embarque rumo a ilha italiana de Sardenha, pertencente a seus domínios. Fez isto para que fosse respeitado e não mais contrariado pelas denominações cristãs.

Assim era a tirania dele em pleno século V. Mas nem ele podia mais que Deus. Só agiria até onde fosse permitido.

Travessia

Era 04 de abril de 492, uma fatídica data onde cerca de sessenta bispos estavam a ser empurrados, humilhados e desmoralizados perante o público pelos guardas reais no porto de Cartago. Um a um, foram obrigados a adentrar numa velha embarcação comandada por homens de conhecia crueldade e rigidez.

Os bispos foram alocados em dez quartos, seis em cada. As condições de higiene, de comida e de tratamento eram precárias somente suportadas através de correntes de orações. Contudo, ninguém reclamou de sua sorte. Iriam até o fim por cristo pois o mesmo já fizera coisa maior por eles.

Assim permaneceu o martírio dos seguidores de cristo durante os cinco dias de viagem. Infelizmente, nem todos puderam suportar a situação e faleceram de desgosto e de fome. Seus corpos foram jogados no mar. Os outros sobreviventes passaram a considerá-los heróis e símbolos de resistência cristã.

Ao término dos cinco dias, os sobreviventes desembarcaram e foram alocados numa prisão provisória na cidade de Cagliari. Era uma prisão de segurança máxima em que os cristãos estariam subordinados às ordens dos infiéis. E agora? O que seria dos cristãos e das suas pretensões de evangelização? Aguardemos os próximos capítulos.

Carta ao Rei

As condições da prisão de Cagliari não diferiam das do barco que trouxeram os bispos. Era um ambiente com pouca iluminação, cheio de ratos e baratas, superlotado e com os servos de Deus disputando espaço com criminosos em série.

Dispostos a mudar esta situação, eles trocaram mensagens uns com os outros escolhendo Tales como porta voz por ser o mais astuto e iluminado do grupo. A ideia era sensibilizar o rei e conseguir melhores condições para todos.

A primeira ideia que o homem de Deus teve foi enviar uma carta dirigida a sua majestade Real. A fim disso, pegou um pergaminho limpo, pena e tinta em sua mala a começou a escrever a sua carta. Ei-la:

Cagliari,10 de abril de 492

Ao rei transmudo, senhor de Cartago

Cartago- palácio real- África

Assunto: Reconsideração

Tales, servo de cristo e representante dos bispos exilados em Cagliari, vem através desta pedir a vossa excelência uma reconsideração das condições injustamente impostas a nossa Madre Igreja e a todos que se acham aqui especificados através dos motivos abaixo.

Nós, como servos de Deus, chegamos ao ápice da humilhação: Fomos desrespeitados, judiados, carregados como animais e empurrados de encontro a um barco sem nenhuma condição de transporte. Sofremos fome, sede e angústia por não saber exatamente o que ia acontecer. Chegando na ilha, continuamos com os mesmos problemas, sendo encarcerados como criminosos e juntos aos mesmos.

Com todo o respeito, vossa excelência, não somos iguais aos últimos! Somos uma legião que luta pelo trabalho humanitário que envolve aconselhamento, tratamento, doação e profissão de nossa fé. Se não há o respeito de vossa parte e de muitos pedimos ao menos compreensão e justiça.

Temos ciência de nossos direitos, principalmente a liberdade e se a injustiça que está sendo cometida permanecer iremos até as últimas consequências nos tribunais romanos. Mas isto não será necessário. Sei das suas perspicácias, inteligência, razão e apelo a elas por nossa dignidade e liberdade. Que o Senhor o ilumine em suas decisões.

Atenciosamente e com todo respeito, Tales, o homem de Deus.

Cagliari, ilha de Sardenha - província Romana

Ao terminar a carta, Tales entregou-a ao oficial e agora restava apenas esperar. A sorte estava lançada.

Repercussão

Cinco dias depois, o rei recebeu a carta. Leu-a cuidadosamente e a cada linha ficava mais impressionado. Quem era aquele homem que dizia tão belas e corajosas palavras? Sem sombra de dúvida, por mais que fosse insensível, não podia ficar indiferente a tão bem construída solicitação. Foi aí que num assomo de iluminação, decidiu em favor dos bispos.

Pegou um pergaminho, tinta e pena e redigiu uma ordem para as autoridades de Cagliari, ilha de Sardenha. Nela estava a liberdade dos bispos, a construção de um mosteiro e a permissão de profissão de fé dos mesmos pelo menos na região em que estavam. A ordem era para realizar-se-á imediatamente.

Após, enviou a carta através de um dos seus oficiais. Pronto! Deus mostrava-se através de um tirano e isto era um sinal de que estava ao nosso lado de nosso amado Tales.

Três meses depois

A ordem do rei chegou na semana seguinte. Conforme ordenado, iniciou-se a construção do mosteiro e na prisão os bispos começaram a serem melhores tratados. Enquanto isso, continuavam com seus estudos e orações permanentemente.

Exatamente três meses depois, no dia 17 de julho de 492, o mosteiro ficou pronto e então eles foram liberados da prisão e alojados lá. Em sua primeira reunião, escolheram Tales como diretor geral do local pela sua capacidade de persuasão, amabilidade e simpatia.

Assim iniciava-se uma nova fase na vida dos cinquenta e cinco bispos.

A continuação do trabalho

Tales e seus irmãos de fé iniciaram as atividades altruístas do mosteiro. Semelhantemente ao trabalho feito em Ruspe, o local era aberto a todas as denominações o que levou o trabalho de Tales ao destaque em todo o império Romano. Ele tornou-se professor dos bispos, escritor, fiéis padres, monges e um pacificador das questões polêmicas diante dos governantes e população em geral. Tornou-se um líder nato reconhecido até pelos reis.

Foi através de sua atividade sacerdotal e de sua obra literária denominada "Respostas a dez objeções" a qual era uma réplica a questões ortodoxas que lhe rendeu um convite de viagem para um retorno breve a Cartago. Por não querer criar conflitos, Tales aceitou o convite para o debate.

Era o espírito santo agindo através das pessoas engrandecendo o trabalho do nosso querido Tales colocando-o entre os grandes. Ele era um símbolo de polêmica, sabedoria, união, de fé e principalmente de amor entre os mais humildes. Alguém digno de iluminação da força do alto, "das vozes da luz "que continuamente o chamavam e o inspiravam.

Logo após sua decisão, arrumou as malas, tirou licença de seus trabalhos e partir rumo ao porto da ilha de Sardenha que o levaria a sua bela Cartago, terra que muito amava.

Em Cartago

A viagem entre a ilha de Sardenha e a grande Cartago foi dentro da normalidade exceto um problema de motor que rapidamente foi consertado. Ao final do quinto dia, desembarcaram no porto da cidade. Como de costume, Tales alugou um cavalo já selado. O montou e partiu em direção ao palácio real.

Enquanto percorre velozmente as ruas congestionadas, ele pensa em sua missão, na sua família que há muito tempo não via e no poder e na influência do tirano. Realmente ele não tinha saída a não ser comparecer à sua reunião particular e que "As vozes da luz" colocassem as palavras exatas em sua boca.

Sim, estava preparado para o que viesse! Com a experiência adquirida no auge dos seus 27 anos já tinha assimilado o espírito pacificador, criativo e paciente. *Era o homem certo para a ocasião)*

Foi com este espírito que o mesmo com coragem e fé percorreu toda a distância que o separava do reduto do inimigo. Guardou o cavalo à sombra e Parou diante do gigante prédio de arquitetura romana com dois andares, quinze compartimentos, trinta metros de comprimentos com doze de largura, composto ainda de jardim, dois muros internos e sete torres. Agora era a hora da onça beber água.

Reunindo as últimas forças, aproximou-se do portão onde estavam dois guardas o guarnecendo. Apresentou-se, mencionou o motivo da visita e então um deles o acompanhou até a parte interna.

Ultrapassando os obstáculos naturais do caminho, os dois tem acesso ao pátio interno, atravessam dois corredores com salas dos dois lados, sobem as escadarias, tem acesso ao primeiro andar passando por mais quatro compartimentos até chegar ao salão real. Neste momento, o guarda o deixa a sós. O rei está distraído e só volta a atenção por causa do ruído de passos. Entra então em contato quando o visitante chega mais perto.

—Tales? Você por aqui?

—Sim. Vim atender a sua convocação real. O que deseja?

—Sei de seu trabalho e sabedoria. Quero colocá-lo diante dos arianos com o intuito dum confronto de ideias.

—Está bem. Quando será isso?

—Mais tarde. Por enquanto, é melhor descansar. A viagem deve ter sido longa.

—Obrigado.

—Xerxes, venha cá- Gritou transmudo sacudindo um sino e com isso provocando um som estridente.

Em questão de instantes, um mulato grosso, baixo, musculoso, quarenta anos aproximadamente entra nas dependências reais. Com um sinal, ele acompanhou Tales a um dos quartos de hóspedes localizado no mesmo andar. A primeira coisa que o servo de Deus fez foi tirar a roupa e despencar na cama. Transmudo estava certo, sentia-se exausto e teria quer se recuperar completamente pois os próximos atos prometiam bastante emoção. Ele dorme imediatamente.

Passasse mais duas horas. Tales acorda com alguém batendo na porta do seu dormitório o chamando. Com um salto espetacular, levanta-se da cama, veste-se e prontamente vai atender. Tratava-se de Xerxes novamente.

—Transmudo o chama para uma audiência no templo religioso. Os arianos chegaram.

—Está bem. Vamos.

Tales acompanha Xerxes. Passam pelo salão real, pelos corredores de quartos e sobem as escadarias em direção ao segundo andar. O esforço desprendido na subida faz os dois transpirarem bastante.

A cada passo dado, a expectativa aumenta para o nosso querido personagem que já planejara tudo em sua mente. O mais importante era não perder o controle, a educação e a decência neste tipo de encontro onde *"os opostos enfrentam-se"*.

Ao final da subida, eles param um pouco e recuperam o fôlego. Retomam então a caminhada, adentram no segundo andar e consequentemente no templo o qual era o único repartimento de cima.

O rei e dois arianos que eram conhecidos como Artur François e Tête Perré já o esperavam exatamente no centro. Xerxes despede-se e então Tales avança sozinho em direção aos algozes. Ao ficarem bem próximos, eles se cumprimentam por cortesia e o rei inicia a conversação.

—Bem, Senhores, como todos estão presentes acho que podemos iniciar a nossa interação. Ressalto que o encontro é puramente amistoso. O interesse maior é o confronto amigável entre ideias visando o aprendizado de seus diferentes dogmas e visões de mundo. De acordo?

—Sim. (Todos concordam)

—Primeira pergunta: O que é religião para vocês? (Transmudo)

—Religião deriva do termo *"religare"* o qual significa religar. É exatamente o que o homem busca desde que se encontra na face da terra, uma ligação com uma força maior e inexplicável que chamamos de Deus. (Explicou Tales)

—Religião é toda visão particular de mundo e que busca nos unir com o criador. Auxiliado pelos seus preceitos e pela fé podemos alcançar a união com o divino. (Artur)

—Religião é a forma que usamos para explicar o universo, a nós mesmos e ao criador. É o fio invisível que nos une a ele. (Tetê)

—Está bem. Mas o que vocês pregam? Qual é realmente a verdade? (O rei)

—Deus é uma legião. Comumente, atribui-se a sua figura ao pai, filho e ao espírito santo. Mas a verdade é que Javé Deus é um todo presente em todas os corações puros através do fenômeno da comunhão. É por este motivo que Jesus disse: *"Eu e meu pai somos um só"*. *(Tales)*

—Blasfêmia! O pai é um só e não pode ser comparado a ninguém. (Artur)

—Para nós, Jesus era o filho, mas sem compartilhar com a mesma substância de Deus. (Complementou Tetê)

—E se eu dissesse a vocês que Jesus não é o único filho de Deus? (Tales)

—Como é? (Espantou-se Artur)

—Eu não creio. (Afirmou Tetê)

—O debate está ficando interessante. Continuem. (Interveio Transmudo)

—Sim. Jesus é o filho corporal, nascido da virgem Maria. Mas virá um outro, o filho espiritual, que trará justiça, paz e entendimento à Terra. Ele apascentará suas ovelhas com cetro de ferro.

—Como você sabe? Onde está escrito isso? (Artur)

—Eu não creio. (Repetiu Tetê).

— *"Como está determinado que os homens morram uma só vez, vindo logo depois o juízo, assim também cristo se ofereceu uma só vez para tirar os pecados da multidão. Ele aparecerá uma segunda vez, mas não em razão do pecado, para aqueles que o esperam para a salvação". (Hebreus 9,27-28). Quem tiver ouvidos para ouvir, que ouça.*

—Nunca tinha visto este texto desta forma. (Confessou Artur)

—Nem eu. (Tetê)

—Tem que ter inteligência para isso. Parabéns, Tales, você tem minha admiração. (Transmudo)

—Obrigado. (Tales)

—E quanto ao que vocês pregam? O que o homem deve seguir? (Perguntou transmudo)

—Os dez mandamentos. (Artur)

—E as virtudes teologais. (Complementou Tetê)

—Não só isso meus amigos. (Tales)

—O que mais, então, seu sabichão? (Artur)

—*Assim diz Jeová, Javé, oxalá, Jesus, Emanuel, Messias, Cristo, o filho de Deus que são "as vozes da luz": "Ouça, Israel, povos do ocidente e do oriente, meu nome é Javé, perfeito e múltiplo, onipotente, onisciente e onipresente. Eu sou o mesmo do princípio ao fim e não mudo. Contudo, vos criastes para mim um papel de um Deus cruel, vingativo, preconceituoso e autoritário o que não condiz com a realidade. Ao contrário, eu sou a força do amor em sentido amplo que vocês nunca experimentaram a não ser através dos meus filhos. E vocês se perguntam: O que devemos seguir então? Eu que sou o caminho, a verdade e a vida vos digo:" Amarás teu Deus, a ti mesmo e ao próximo sobre todas as coisas; Não mentirás; não caluniarás; não falarás mal do teu próximo; Não provocarás intrigas; não agredirás; Não ofenderás teu próximo; Sede justo, magnânimo, generoso, caridoso, gentil e perfeito como é vosso pai; Não roubarás; não assaltarás; não praticarás estelionato; Não usarás bebidas ou qualquer espécie de drogas; Não cobiçarás nem afundarás no vício do jogo; Sê tolerante, compreensivo, paciente, pacífico e humano assim como meus filhos amados; Não inveje, antes trabalhe e lute pelos seus objetivos. Eu não esqueço ninguém pois para tudo debaixo dos céus há o momento certo. Evite a solidão e a tristeza pois eu vos criei para o sucesso e felicidade; Evitai a prostituição, a imoralidade, o adultério, o incesto e todas as perversões sexuais pois vós sois templo do espírito santo; Vós sois irmãos. Portanto, exijo a união e a cooperação para o bem comum; entreguem sua cruz a mim e renuncie a toda ilusão corporal. Eu estarei pronto para ouvi-los e prometo dedicação a vossas causas. Eu sou vos pede encarecidamente isto pois o dia do ladrão é algo que não se conhece. Por último, queria dizer que vos amo e acredito sempre que há uma saída. Eu tenho fé no ser humano por mais que ele não mereça". (Tales, inspirado pelas vozes da luz)*

—Uma explicação mais ampla do que Jesus nos disse sobre o amor. (Constatou Artur)

—Exato, meu caro. Nisto nós concordamos. (Tales)

—Ótimo. Gostei. Tem minha admiração. (Transmudo)

—E o que diz dos ateus? Dos pagãos e dos adoradores de outras seitas? (Tetê)

— *"O espírito sopra de lá para cá, mas não sabemos de onde vem ou para onde vai". Javé Deus é múltiplo e de uma forma ou de outra está presente em todas as denominações. Ele é o senhor dos espíritos e as forças do bem e do mal tem que lhe render homenagem. (Tales)*

—Faz sentido. (Tetê)

—Então pelo que entendi, Deus é um só independente de denominação existindo várias vias de se chegar a ele. (Transmudo)

—Sim. Como diz o ditado, fazer parte duma religião não garante salvação a ninguém. O que garante são as boas obras, as palavras e ações sobre a terra. (Tales)

—Maravilhosos. Muito bem. Para finalizar, que mensagem vocês deixariam para mim?

—*Ouça ó rei o Deus de Israel e do mundo inteiro: "assim como vós governa sobre vosso povo eu governo sobre os sete céus. Tudo o que vós fizerdes aqui na terra está sendo gravado, medido e peneirado para que quando chegar o tempo devido prestei o ajuste de contas.*

Eu recomendo a prática da justiça, da compreensão e da tolerância para que tenha vida longa e sucesso na terra. Lembre-se: Eu sou Javé, eu vejo tudo e de nada adianta o homem conquistar o mundo e perder sua alma. Pois o que tem o homem para me oferecer em troca de sua salvação? Para mim dinheiro, honra e glória não passam de meras ilusões terrenas. O que eu quero são corações puros, contritos e honestos."

—Eu pediria mais liberdade e respeito a nossas crenças. (Artur)

—Eu quero ser feliz sem medo. (Tetê)

Transmudo enrubesce e parece não ter gostado do que ouviu. Imediatamente, ele entra em contato com um tom de voz grave e rude:

—Está bem. Eu já ouvi tudo o que tinham para falar. Agora saiam, estão dispensados.

Tales e os outros obedecem sem pestanejar. Era o melhor a fazer pois o rei era do tipo de pessoa que não se podia enfrentar ou contrariar. Enquanto o primeiro desce um andar e vai ao quarto fazer as malas os outros dirigem-se novamente as escadarias que os levariam ao térreo. Iriam tomar conta das suas respectivas igrejas.

No quarto, nosso querido personagem não demora mais que trinta minutos para tomar um banho e arrumar suas coisas. Ao final, sai do quarto, passa no salão real, despede-se do rei e dos serviçais e finalmente vai embora. Pega o cavalo e o monta novamente.

Inicialmente sem destino, decide ir à casa da mãe visitá-la e dormir, pois, a noite encontrava-se adiantada. E assim se faz. Atravessando ruas à direita e à esquerda, cumprimentando conhecidos, revisitando locais importantes o mesmo chega em casa exatamente às 22:00 horas. Guarda o cavalo na estrebaria e dirige-se à porta principal.

Diante da mesma bate seguidamente duas vezes até que alguém vem atendê-lo. Trata-se de sua tia Rebeca e os dois se cumprimentam com abraços e beijos. Falando baixinho, ela explica que Dona Maria está a dormir e que não pode ser incomodada. Ele entende, os dois adentram na casa e ele encaminha-se a seu antigo quarto.

Chegando lá, ele guarda suas coisas, deita-se na cama e vai tentar dormir após um dia de intensas emoções. Avancemos.

Volta

A noite transcorre rapidamente. Inicia-se a madrugada, amanhece e o nosso querido bispo desperta após uma noite atormentada por pesadelos. Ufa! Diz aliviado. Reza suas orações matinais, levanta-se, espreguiça-se, toma banho, pega sua mala, sai do quarto, chega à sala e fala com sua mãe. Em poucas palavras e cumprimentos transmite a importância que ela tinha na vida do mesmo. Após, despede-se, vai à estrebaria, monta o cavalo e vai embora em busca da continuidade de sua missa em Sardenha.

Estava pronto! A última experiência mostrou-lhe que estava perto de descobrir a força do pai, das "Vozes da luz" que constantemente o abençoavam e o dirigiam nos mínimos aspectos da vida. Sentia-se, portanto, abençoado e amado pelo pai, pelo seu mestre Jesus e por todos os irmãos de caminhada.

Crente disso, aumenta o galopar do animal e em trinta minutos já chega no movimentado porto. Apeia, entrega o animal a um responsável e espera um pouco. Eram 07:40 horas da manhã e exatamente às 08:00 atracaria um navio rumo à ilha. Aproveita este tempo para refletir, rezar e encomendar-se a Deus.

O navio chega no horário esperado. Tales sobe as escadarias do porto, embarca no navio, conversa com o atendente e acompanhado do mesmo vai se instalar num dos quartos. Desta feita, ele teria que dividir o local com mais três pessoas por conta da lotação estar completa.

Instantes depois, é dada a partida. Seriam cinco longos dias atravessando o oceano e que prometiam muita emoção por conta do tempo ultimamente estar nublado. Ele teria o tempo necessário para ler, comer, trabalhar e fazer amizade com os colegas de quarto e de viagem e isto era muito proveitoso para tudo o que ele representava. Ele era o homem de Deus, porta voz da luz.

A viagem mostra-se movimentada. O navio para duas vezes por problemas técnicos, junto com seu grupo dão seis mergulhos no mar alternadamente. Ocorrem festas, debates, crises, brigas, orgias, boatos e histórias mal contadas. Algumas destas coisas faz Tales querer chegar logo à terra e outras permanecer. É a famosa dicotomia representada pelas "Forças opostas".

Com meio dia de atraso eles finalmente chegam. Após o desembarque, o bispo dirige-se á Cagliari onde os seus irmãos os esperavam com ansiedade. São mais cerca de trinta minutos novamente no lombo de um cavalo.

Diante do mosteiro, ele envia o cavalo de volta e carregando sua trouxa bate na porta. Da primeira vez, já ouve passos em sua direção e então espera ser atendido. Era exatamente 12:00 horas quando a porta se abre e de dentro sai um dos seus irmãos, o bispo Francisco. Após os cumprimentos normais, os dois adentram no prédio, e enquanto o irmão guarda seus objetos pessoais no seu quarto, ele vai almoçar. Após, descanso e no final da tarde trabalho retomado como bispo e como dirigente do mosteiro. À noite, jantar, reunião e mais descanso. E assim a vida se seguia com a bênção de Deus.

Dez anos depois

O trabalho de Tales e seus irmãos continuou. A cada dia, alcançavam mais prestígio na ilha e em todo o Império Romano embora o tempo de perseguição ainda não tivesse cessado por conta do preconceito de muitos. Mas eram guerreiros e vencedores.

Em seu trabalho intelectual como escritor, Tales destacou-se mais uma vez com a obra "Três livros ao rei Transmudo" que condenavas as práticas Arianistas o que rendeu um novo convite para retornar a Cartago no qual o mesmo saiu muito bem por sinal. O homem de Deus quebrava assim mais barreiras dando um exemplo notório de iluminação e de sabedoria.

Um tempo depois desta segunda visita chegou a notícia do falecimento do rei. O opressor estava morto e as coisas poderiam mudar. Continuem acompanhando, leitores.

Nova situação

O novo rei de Cartago foi escolhido e tomou posse. Chamava-se Hilderico e diferentemente de transmudo tinha um espírito mais liberal e tolerante. As primeiras decisões importantes que tomou foi: Reforma financeira, revisão das alianças políticas e decisão pelo retorno dos bispos exilados.

Alcançados por esta decisão, Tales e seus amigos preparam-se para o retorno. Fecharam o mosteiro em Cagliari, arrumaram suas trouxas e partiram no dia seguinte do porto da ilha rumo a grande Cartago.

Com isto, um novo rumo e uma nova missão estava preparada para suas vidas juntos aos seus em sua terra natal.

Em Ruspe

Logo após a chegada em Cartago, os bispos foram distribuídos em suas respectivas dioceses. Como era esperado, Tales foi enviado a Ruspe e Juntamente com a ajuda do papa começou a organizar um trabalho maravilhoso. Dividia suas atividades diárias na administração religiosa e humanitária.

Já bem conhecido, era procurado pelas pessoas para resolver qualquer tipo de problema e com as palavras e atitudes certas os confortava e os orientava. Era um verdadeiro pai para todos da comunidade.

Aliado a isso, continuava seu trabalho como pregador, difusor da religião de cristo, combatente das heresias e escritor. Diz-se que em confronto com as autoridades congregacionais ameaçou retirar-se para Circinia caso não fosse atendido em suas reivindicações. Eles então não permitiram e as reformas foram feitas tamanho o seu poder de persuasão. Em relação às obras, escreveu outro livro, um tratado sobre as crianças não batizadas e que se tornou um modelo de teologia. Ele tornava-se assim um exemplo para todo mundo cristão.

E assim o tempo ia passando-se celeremente.

Final

O tempo continuou avançando. A Igreja expandiu-se, a perseguição continuou, pessoas próximas faleceram (A mãe de tales Maria e sua Tia Rebeca). O trabalho era cada vez mais reconhecido ficando o gosto de quero mais, a solidão e a indecisão sobre o futuro. A única certeza que tinha era que queria entregar-se ao poder divino e às vozes da luz que o escolheram desde o nascimento para uma vida de simplicidade, austeridade e acima de tudo de amor para com os fiéis e irmãos de todas as denominações.

Foi realizando seu trabalho diário numa vida simples, como dito anteriormente, que Tales faleceu no dia primeiro de janeiro de 533 aos sessenta e oito anos. Seu corpo foi enterrado no interior da Igreja em que trabalhava. Com sua morte, fica o exemplo de luta, de entrega sem reservas ao pai, exemplo de ser humano inspirado pelas "Vozes da luz" que tantos se recusam a ouvir. Fica a mensagem: "Ainda que o homem caia não fica prostrado pois o senhor o sustenta com sua mão", ou seja, podemos tropeçar, tremer diante dos grandes desafios da vida, mas se os enfrentarmos com garra e fé naquele que nos pode dar a vitória certamente seremos grandes vencedores. *"Não temam, pois, eu venci o mundo".*

Fim da Primeira missão

A visão acaba. Os quatro amigos (Baltazar, O vidente, Emanuel e Messias) que estavam às margens do gigante açude poço da cruz decidem voltar para casa pois o mistério relacionado "às vozes da luz" estava concluído e explicado.

Com esta decisão, encaminham-se ao fusca, adentram nele e partem rumo ao povoado. Havia muitas tarefas a realizar-se-á. Viajando numa velocidade média, decorrem apenas dez minutos de viagem.

Ao descerem do fusca, despedem-se e cada qual segue seu rumo. Em direção às respectivas residências. Como tudo em Jeritacó era perto tudo é muito rápido.

A cena fixa-se agora no barraco de Seu Messias. Os três acabam de chegar, o vidente vai arrumar suas malas e ao concluí-la enfim chegou o momento da separação dos três leais amigos. O vidente está na sala e entra em contato com os outros.

—Bem, eu já vou indo. Muito obrigado aos dois por tudo. Foi um prazer.

—O prazer é todo meu, jovem. Quando quiser aparecer, fique à vontade. (Messias)

—Obrigado. (O vidente)

—Eu não me conformo. Você é muito especial e quero tê-lo sempre junto a mim. (Emanuel)

—Estaremos sempre juntos através da força da luz. Este é o mistério da comunhão. Todos somos um só. (Aldivan)

—Ele está certo, filho. Além do que nos veremos mais vezes. Nossa série há de fazer sucesso, não é mesmo vidente? (Messias)

—Claro. Assim espero. Já tenho um título para ela: "as vozes da luz". (Aldivan)

—Sonoro. Também queremos agradecer sua presença. Vá com Deus, filho de Deus. (Emanuel)

—Amém. (O vidente)

O trio se abraça. Naqueles três seres tinha realizando-se um mistério mais profundo que a nossa vã filosofia podia imaginar. Eles eram um conjunto de espíritos prontos para transformar o mundo e o universo através de suas aventuras.

Ao término do abraço, O vidente desloca-se para a saída, abre a porta e antes de atravessá-la completamente escuta um último aviso: Cuidado com os caminhões! Ele ri. Realmente fora uma extraordinária coincidência ou não conhecer Emanuel num momento tão crítico. Agradeceria a ele por sua vida para sempre.

O vidente finalmente sai. Caminha alguns passos e procura um orelhão e quando o encontra liga para Wellington e combinam de o mesmo vir buscá-lo. Espera um pouco.

Duas horas depois, ele chega, cumprimentam-se, o vidente carregando sua mala adentro no automóvel e é dada a partida. Em breve estaria de volta à sua terra. Que venham novas aventuras.

Conclusão

Quero primeiramente agradecer a todos os leitores e admiradores do meu trabalho que se dispuseram a ler o livro por inteiro. É por vocês que me dedico dia após dia com profissionalismo, segurança e verdade.

Espero que ao final tenha ficado um pouco daquilo que quis repassar: O exemplo de fé, de garra, de altruísmo, de desprendimento em ajudar o próximo. Sejamos como Tales, portadores de luz que incessantemente ilumina nossos espíritos. Uma boa sorte a todos, felicidades, sucesso e até o próximo livro se Deus permitir.

Fim

www.ingramcontent.com/pod-product-compliance
Lightning Source LLC
LaVergne TN
LVHW021003200726

843506LV00012B/2140